10歳（さい）からのカンタンおべんとうづくり

めし画（が）レシピ

写実絵師（しゃじつえし）
×
調理師（ちょうりし）

JN017554

山田（やまだ）めし

小学館

食べてみたいな！

写真みたい！

すごいね！

これ<ruby>全部<rt>ぜんぶ</rt></ruby>イラストって

おいしそう！！

こんなすごい絵を
描（か）いているのが…

信じられる？

[写実絵師（しゃじつえし）×調理師（ちょうりし）]

山田（やまだ）めしが

みなさん、こんにちは！　山田（やまだ）めしがです。
私（わたし）はおいしいものを描（か）くのも、つくるのも大
好（す）きです。毎日（まいにち）、おいしいものにかこまれて、
幸（しあわ）せな日々（ひび）をすごしています。私（わたし）が描（えが）いたゆ
かいで楽（たの）しいお料理（りょうり）の世界（せかい）をどうぞお楽（たの）しみ
ください(^-^)

山田（やまだ）めしがさんがイラストを使（つか）っ
て教（おし）えてくれる、楽（たの）しくておいしい
おべんとうレシピ本（ぼん）です。ぜ
ひ、つくってみてください！

おべんとうづくりの注意点 ……………………… 6

キッチンにいる調理道具たち ……………………… 8

基本のおべんとうをつくってみよう！

ポテトサラダ ……………………………………… 11

たまごやき ………………………………………… 14

● ブロッコリーのゆでかた ……………………… 17

ハンバーグ ………………………………………… 18

大変身！ おにぎり味わいバリエーション …… 21

さあ！ おべんとう箱につめてみよう！ ……… 24

サンドイッチ バリエーション ………………… 26

● サンドイッチいろいろ ………………………… 26

● くるくるロールサンドいろいろ ……………… 27

● ロールパンサンドいろいろ …………………… 28

いろいろなおかずをつくってみよう！

いろどりおかず大集合！ ………………………… 29

いろどりおかず一覧 ……………………………… 30

赤いおかずのつくりかた　32

いろいろなウインナー …………………………… 32

ハム＋チーズ ……………………………………… 33

ミニトマトシスターズ …………………………… 33

ナポリタン ………………………………………… 34

ちゃっぷ３兄弟 …………………………………… 36

かにかまのおかず ………………………………… 37

黄色いおかずのつくりかた　38

たまごやき アレンジレシピ …………………… 38

スクランブルエッグ アレンジレシピ ………… 39

かぼちゃのおかず ………………………………… 40

● かぼちゃソテー　● かぼちゃのきんちゃく　● かぼちゃ煮　● かぼちゃサラダ

さつまいものおかず ……………………………… 41

● おさつスティック　● さつまいものレモン煮

ちくわのおかず …………………………………… 41

● ちくわチーズ　● ちくわきゅうり　● ちくわチーズのカレー天ぷら

カレー味のおかず ………………………………… 41

● ちくわとキャベツのカレー炒め　● きのこのカレー炒め

茶色のおかずのつくりかた　42

からあげ ……………………………………… 42
野菜の肉巻き ……………………………… 43
ミートボール ……………………………… 43
じゃがいものおかず ……………………… 44
　● ジャーマンポテト　● 肉じゃが
焼き鮭 ……………………………………… 45
ひじき煮 …………………………………… 46
ごぼうとにんじんのおかず ……………… 46
　● きんぴらごぼう　● にんじんとこんにゃくのきんぴら

緑色のおかずのつくりかた　47

ピーマンの肉づめ ………………………… 47
ハム巻き …………………………………… 48
　● オクラ　● いんげん+にんじん　● オクラのゆでかた
アスパラのおかず ………………………… 49
　● アスパラベーコン巻き　● アスパラベーコン炒め　● アスパラのゆでかた
ゆでブロッコリーのおかず ……………… 50
えだ豆のおかず …………………………… 50
　● えだ豆串アレンジ　● えだ豆ベーコン
きゅうりのおかず ………………………… 51
　● ツナマヨきゅうり　● きゅうりとわかめの酢のもの　● きゅうりの塩こんぶあえ

季節のおべんとう　52

春のおべんとう …………………………… 52
夏のおべんとう …………………………… 53
秋のおべんとう …………………………… 54
冬のおべんとう …………………………… 55

めし画ギャラリー　お食事レシピ　58

オムライス ………………………………… 58
しょうが焼き ……………………………… 60
カルボナーラ ……………………………… 61
ピザトースト ……………………………… 62

あとがき ……………… 63

このレシピ本の使いかた

＊お料理をするときは必ず大人の人と一緒に、火や包丁などに気をつけてつくりましょう。

＊おべんとう用に少量つくるときは、材料を半分や4分の1に調節してください。

＊材料の分量に出てくる「適量」は最適な量をお好みで調節して入れてください。

おべんとうづくりの注意点

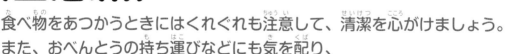

食べ物をあつかうときにはくれぐれも注意して、清潔を心がけましょう。
また、おべんとうの持ち運びなどにも気を配り、
食中毒にじゅうぶん注意してください。

6 つのチェックポイント!

CHECK 1
おべんとうや調理道具は清潔に!
水分が残らないようにしっかりと
乾かしましょう。

CHECK 2
よく手を洗いましょう。気になる
人はゴム手袋やビニール手袋を着
けましょう。

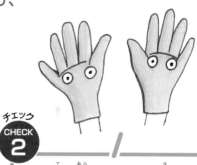

うめぼし
おおば

お酢
わさび
カレー粉
にんにく
しょうが

CHECK 3
おかずは仕切ってつめましょ
う。水分が他のおかずにうつ
るのを防ぎます。

CHECK 4
抗菌、殺菌作用のある食材を
取り入れましょう。

CHECK 5

抗菌シートを使いましょう。持ち運びの際は、保冷剤や保冷バッグの活用を。

CHECK 6

ごまあえやおかかあえは、ごまやかつおぶしで水分をおさえることができるので、おすすめです。

夏のおべんとう **4** つの注意点

暑い夏はとくに気をつけよう！

とくにこれを注意しよう！

CHECK 1

生野菜は水分が多く傷みやすいので控えましょう！

CHECK 2

ポテトサラダも傷みやすいので夏場はさけましょう。

CHECK 3

しっかり加熱！

おかずはしっかりと加熱しましょう。たまごやきやゆでたまごは、半熟にならないように火を通すことが大事です。

CHECK 4

しっかり冷ます！

ごはんもおかずもしっかりと冷ましてからつめましょう。

キッチンにいる調理道具たち

料理をするときのたのもしい味方を紹介します。
みんなの力を借りて、おいしい料理をつくりましょう！

煮る
炒めるは
おまかせ！

煮物みたいに、たくさん
つくるときに使ってみて。

焼いたり
炒めたり。

フライパン

たまごやきが
つくりやすいよう
に四角い形なんだ。

両手なべ

片手なべ

たまごやき器

注意！ 火を使うときはぜったい1人で作業しないで、
大人の人と一緒にやりましょう。

食材は
ぼくらの中に
入れて
置いてね

水を切るとき
に使うよ。

ボウル

ざる

包丁は
この上で
使ってね！

バット

油で
揚げたものは
こちらへ。

まな板

料理や食材を
平らに
並べやすいよ。

揚げあみ

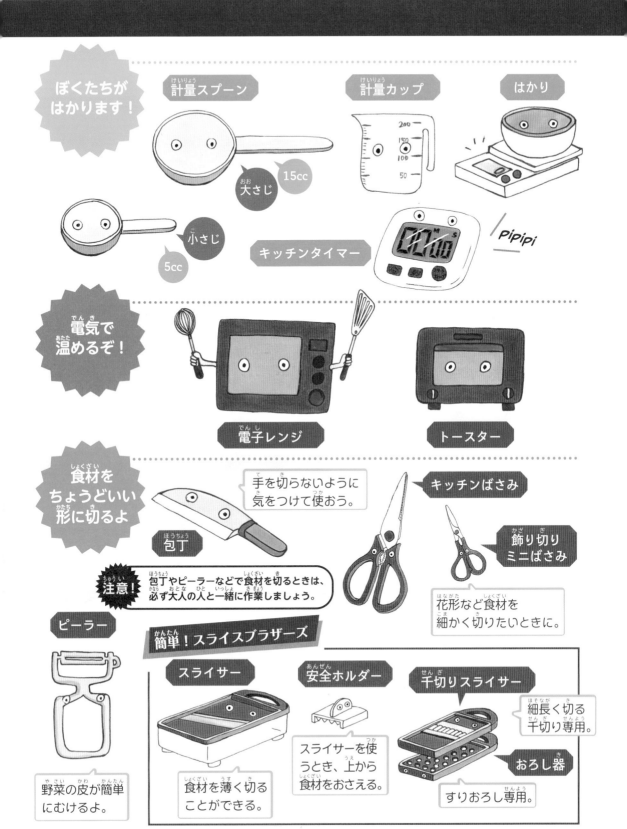

ぼくたちがはかります！

計量スプーン（けいりょう）

計量カップ（けいりょう）

はかり

15cc 大さじ（おお）

小さじ（こ）

5cc

キッチンタイマー

pipipi

電気で温めるぞ！（でんき）（あたた）

電子レンジ（でんし）

トースター

食材をちょうどいい形に切るよ（しょくざい）（かたち）

手を切らないように気をつけて使おう。（て）（き）（つか）

キッチンばさみ

包丁（ほうちょう）

飾り切りミニばさみ（かざ ぎ）

注意！（ちゅうい）　包丁やピーラーなどで食材を切るときは、必ず大人の人と一緒に作業しましょう。（ほうちょう）（しょくざい）（き）（かなら）（おとな）（ひと）（いっしょ）（さぎょう）

花形など食材を細かく切りたいときに。（はながた）（しょくざい）（こま）（き）

ピーラー

簡単！スライスブラザーズ（かんたん）

スライサー

安全ホルダー（あんぜん）

千切りスライサー（せんぎ）

細長く切る千切り専用。（ほそなが き）（せんぎ せんよう）

おろし器（き）

野菜の皮が簡単にむけるよ。（やさい）（かわ）（かんたん）

スライサーを使うとき、上から食材をおさえる。（つか）（うえ）（しょくざい）

食材を薄く切ることができる。（しょくざい）（うす）（き）

すりおろし専用。（せんよう）

9

つかんだり、まぜたりするぞ

すくう！

まぜる！

裏返す！

はさむ！

おたま

泡立て器

木べら

トング

フライ返し

ゴムべら

さいばし

料理を楽しく飾ろう！

ピンセット

小さいものを飾るときに使うよ。

食べるときにも便利だよ。

飾りピック

おかずをつめよう。

抜き型

好きな形に変身！

おかずカップ

包んで料理したり保存するときに活やく

食材が調理道具にくっつかないように敷くシート。

ラップフィルム

アルミホイル

クッキングシート

がんばってね！

一緒につくろう！

MAYO

ポテトサラダ

おべんとうに入っていると、ほっこりうれしいサイドメニューの定番！
メインのおかずにも合うし、たまごやいろいろな野菜も食べられるよ。

材料（4人分）

●じゃがいも	3個	●マヨネーズ	大さじ3〜6（お好みの量）
●たまご	1個		★目安の分量はレシピ13ページにのってるよ。
●きゅうり	½本	●酢	大さじ1
●にんじん	¼本	●砂糖	小さじ1
●たまねぎ	½個	●塩こしょう	少々
●ハム	2枚		

たまご ＋ じゃがいも

つくりかた

[ゆでたまごのつくりかた]

1 なべにたっぷりの水、たまご、塩少々を入れて火にかける。ふっとうしてから10分間ゆで、ゆであがったら流水で冷ましてカラをむく。

塩を入れることで、たまごのカラが割れても白身が流れ出るのを防げるよ。

[粉ふきいものつくりかた]

2 じゃがいもは皮をむき、一口大の乱切りにする。なべにお湯をわかして、じゃがいもをゆでる。（10〜15分）

3 ゆであがったら、ざるでお湯を切り、もう一度なべにじゃがいもを戻す。中火にして、なべをゆすりながら水分を飛ばす。粉をふいたようになったら、火を止める。

※ **2**〜**3** の「粉ふきいものつくりかた」は44ページの「ジャーマンポテト」でも使います。

4 熱いうちに酢を加え、ゆでたまごといっしょに木べらでつぶす。

熱いのでやけどに注意してね！

きゅうり

5分後

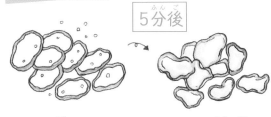

1 2㎜幅にスライスして、塩小さじ1を全体にまぶし、5分間おいておく。

2 さっと水で洗い、手でギュッとしぼって水気を切る。

ハム

図のように切る。

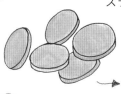

にんじん

1 皮をむき、2㎜幅の輪切りにスライスする。

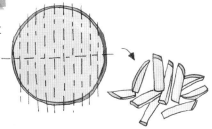

2 好きな型で抜き、残りは"いちょう切り"にする。

型を抜いた外側も、適当な形に切って使おう!

3 ふっとうしたお湯で柔らかくなるまでゆでる。

4 にんじんをざるにあげ、流水で冷ました後、水気を切る。

たまねぎ

1 透けて見えるくらいの薄さにスライスして、氷水にさらして10分くらいおく。

スライサーを使うのがおすすめだよ。

10分後

2 ざるで水を切ったら、手でギュッと水気をしぼる。できるだけ固くしぼろう。

氷水につけることで、たまねぎの辛みが抜けやすいよ!!

最後に……

全ての具材とマヨネーズ、砂糖、塩こしょうをよくまぜ合わせる。

☆のにんじんはまぜないで、盛りつけのときに上に飾るとキレイだよ!

できあがり!!

マヨネーズの量

ホクホクが好きなら、大さじ3くらい、コッテリ濃厚が好きなら、大さじ6くらい。味を見ながら、お好みの量にしてね!

たまごやき

あざやかな黄色のたまごやきは、おべんとうを華やかにする人気者！
基本のつくりかたを覚えれば、いろいろなアレンジもできます。
（たまごやきのアレンジレシピは 38 ページにのってるよ）

本格的!! たまごやき器でチャレンジ！

基本のたまごやきの材料 [卵液]（1本分）

- たまご......2個
- マヨネーズ......大さじ1
- 砂糖......小さじ1
- 塩......2つまみ
  ★味つけはお好みで！
- サラダ油......適量

※この材料やレシピは38ページの「たまごやき アレンジレシピ」でも使うよ。

つくりかた

1 ボウルに、たまごとマヨネーズ、砂糖、塩を入れてまぜる。

白身をさいばしで切るようにまぜよう。泡が立たないように気をつけてね！

中火

2 たまごやき器を中火で熱し、キッチンペーパーでサラダ油を全体にのばす。

サラダ油は全体にムラがないようにのばして引いていこう。入れすぎには注意してね。

すみずみまでのばそう！

中火

3 卵液を⅓入れ、たまごやき器をかたむけながら、全体にのばす。

卵液は、全体にまんべんなくいき渡るようにしよう。ふくらんでいる気泡は、さいばしで突いてつぶそう。

4 フライ返しを使って、奥から手前に巻いていく。

巻きかたになれるまでは、弱火でゆっくりと巻いてみよう。中火のまま、半熟状で手早く巻き取ると、しっとりしているたまごやきになるよ。

中火

または

弱火

※なれるまでは、弱火でも大丈夫！

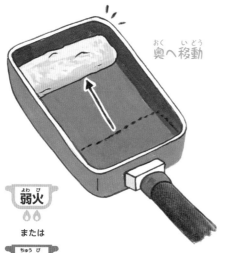

奥へ移動

弱火

または

中火

5 手前まで巻いたら、そのまま奥へ移動させる。

すべらすと形が崩れやすいので、フライ返しで軽く持ち上げながら移動させよう。

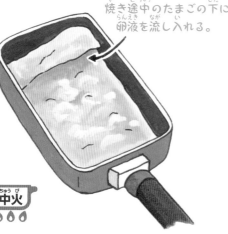

フライ返しで持ち上げ、たまごやき器をかたむけながら、焼き途中のたまごの下にも卵液を流し入れる。

中火

6 再びキッチンペーパーでサラダ油を薄く引いたら、卵液を適量流し入れる。

卵液は流し入れる前に、よくまぜてね。たまごの下にも流し入れ、全体に広げよう。

7 卵液がなくなるまで❹〜❻を繰り返す。

1回巻くごとに、上から軽く押さえながら焼くと、形が整うよ。

中火

8 最後まで巻き終わったら、火を止め、形を整え、余熱で落ち着かせる。

巻き終わった部分を下にしておくと、たまごやきが崩れないで、きれいにできるよ。

火を止める

9 たまごやきをまな板の上に移し、粗熱が取れたら、好きな大きさにカットする。

できあがり!!

おべんとう いろどり つけあわせ

ブロッコリーの ゆでかた

❶ ブロッコリーは小さい房に分け、水でよく洗う。
❷ 水がついたまま耐熱皿(電子レンジで使えるお皿)に並べ、ふんわりとラップをかける。
❸ 電子レンジで加熱する。
　[加熱の目安]ブロッコリー5房
　→ 600Wで2分〜 2分半。(お好みの固さになるように調整しましょう)

※このレシピは50ページの「ゆでブロッコリーのおかず」でも使います。

ハンバーグ

おべんとうの主役・メインのおかずになるのは、存在感のあるハンバーグ！
お肉のうまみがぎっしりつまっているから、冷めてもおいしいです。工程が
多いから、ていねいにつくってみてくださいね。

晩ごはんの
おかずにもなるよ！

材料（4人分）

- あいびき肉————500g
- たまご————————1個
- たまねぎ————————½個
- パン粉————————½カップ
- 牛乳————————½カップ
- バター————————大さじ1

- 塩こしょう————大さじ½
- ナツメグ————————少々
- サラダ油————————適量

※この材料やレシピは、43ページ
の「ミートボール」や、47ページの
「ピーマンの肉づめ」でも使うよ。

焼いたあとで、
冷凍保存ができるよ。
解凍は600Wで
1個につき2分。

つくりかた

1 たまねぎはみじん切りにする。

2 フライパンにバターを熱し、**1**を炒める。
しんなりしたら、バットに広げて冷ます。

炒めるとたまねぎが
甘くなり、風味もよくなる。
シャキシャキ感が好きなら、
生のままでもOK！

中火

冷ます

ぼくたち
つけあわせでも
大活やく
しちゃうよ！

3 パン粉と牛乳をまぜ合わせてしんなりと
させておく。

4 **2**、**3**と、あいびき肉、たまご、塩こしょ
う、ナツメグをまぜ合わせる。

ねばりが出るまで、
しっかりとまぜよう。

19

5 4等分にして、小判形に整え、中央にくぼみをつける。

両手でキャッチボールをするように、手のひらに打ちつけて空気を抜くよ。表面がなめらかになるように、形を整えよう！

6 フライパンにサラダ油を熱し、**5**を並べて、中火で焼き色をつける。片面にこんがりと焼き色がついたら、フライ返しで裏返す。

中火

7 ふたをしたら、弱火で7〜10分蒸し焼きにする。ふたを開けるときは、蒸気が熱いので注意！

中央に竹串をさし、穴から透明な肉汁が出てきたらできあがり！

弱火

できあがり!!

最後にケチャップやソースをかけるとおいしいよ！

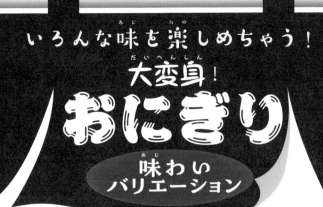

いろんな味を楽しめちゃう！
大変身！おにぎり
味わいバリエーション

白いごはん以外にも、豊富なバリエーションでつくれるおにぎり！
おにぎり議長やおにぎり奥さんと一緒に、いろんな味に挑戦してみよう。

味を変える秘密がココに！
おにぎり夫婦の衣装部屋

おにぎりをいろんな味に変えられる
食材が、たくさん置いてあるよ。
それを使えば、白いおにぎりが大変身！
のりや海藻、ふりかけなどの乾物を
中心にストックがたくさん収納されている、
おにぎり奥さんの趣味の部屋だよ。

いいお豆が
届きましたよ。

おにぎり議長

性格：おっとりしていて、やさしい。
　　　奥さんのことが大好き。
服装：奥さんに選んでもらっている。
好きなもの：奥さんが入れて
　　　　　　くれるお茶。

おにぎり奥さん

性格：しっかり者。きちんとさん。
　　　きちょう面ではたらき者。
日課：おにぎり議長の服を選ぶ。
　　　さりげなく同じ服を着て、
　　　ペアルックを楽しんでいる。
趣味：乾物づくり。
　　　梅ぼしやみそづくり。

☆次のページから、味が大変身したおにぎりを紹介するよ！

★レシピが必要なおにぎりは、材料をのせています。材料はおにぎり1個分の分量です。

おにぎり隊長のコーデチェンジ 味いろいろバリエーション

基本のつくりかたを覚えておけば、あとはカンタン！　好きな具を入れたり、ごはんに具材をまぜたり、バリエーションもいっぱいできるよ。お気に入りのアレンジでつくってみよう。

基本のおにぎり

材料（1個分）
- ●ごはん——100g（お茶わん1杯くらい）
- ●のり——1枚
- ●塩——少々

ラップにごはんを広げておく。具を入れる場合には、広げたごはんの真ん中に、梅ぼしや鮭など、好きな具を入れよう。ラップにくるんで三角ににぎり、おにぎりの形を整える。にぎったあとは、まわりに塩を少々まぶして、のりを巻く。

のり巻き系おにぎり

いろいろな具を入れてのりで巻く、スタンダードなおにぎりバリエーション。これ以外の好きな具を入れて、アレンジしてもOK！

のり＋こんぶのつくだ煮

のり＋からあげ

42ページ 茶色のおかず

のり＋ツナマヨ

ツナマヨ（ツナ缶70g、マヨネーズ大さじ1〜2）を入れてにぎり、のりを巻く。

のり＋大葉＋めんたいこ

おにぎりの上にきざんだ大葉、めんたいこをのせてにぎり、のりを巻く。

のり＋大葉＋梅ぼし

きざんだ大葉をごはんにまぜて、真ん中に梅ぼしを入れてにぎり、のりを巻く。

まぜこみ系おにぎり

白いごはんに具材をまぜて、味つきごはんに！　おにぎり全体で、いろいろな味のバリエーションが楽しめます。

まぜこみひじきごはん

材料
- ●ひじき煮——大さじ1〜好みの量（46ページ）
- ●白ごま——好みの量

①ひじき煮をごはんにまぜる。

②白ごまを加えてまぜ、にぎる。

のり＋たくあん＋おかか

材料
- ●たくあん——10g
- ●かつおぶし——2つまみ
- ●めんつゆ——小さじ1
- ●のり——1枚

①たくあんを細切りにする（5mm幅）。

②かつおぶしとめんつゆをまぜ合わせておく。

③ごはん、①、②をまぜ合わせてにぎり、のりを巻く。

いろんな味を楽しめちゃう！
大変身！
おにぎり
味わいバリエーション

大葉＋ごま＋塩こんぶ

材料
- 大葉──────1枚
- 塩こんぶ────2つまみ
- 白ごま─────好みの量

❶ごはん、塩こんぶ、白ごまをまぜ合わせ、にぎる。

❷にぎったおにぎりを大葉で巻く。

大葉＋鮭＋ごま

材料
- 大葉──────1枚
- 焼き鮭─────50g
- 白ごま─────好みの量
- めんつゆ────小さじ1

❶焼き鮭（45ページ）は皮と骨を取りのぞき、細かくほぐす。

❷大葉は軸を落として、千切りにする。

❸ごはん、❶、❷と全ての材料をまぜ合わせ、にぎる。

わかめ＋梅＋おかか

材料
- 乾燥わかめ───1つまみ
- かつおぶし───2つまみ
- 梅ぼし─────1個
- めんつゆ────小さじ1

❶わかめは水で戻し、一口大にカットする。

❷梅ぼしはたねを取り、粗みじん切りにする。

❸ごはん、❶、❷と全ての材料をまぜ合わせ、にぎる。

さつまいも＋黒ごま

材料
- さつまいもの輪切り
　──────2cm幅1枚
- 塩、しょうゆ、黒ごま
　──────各少々

❶さつまいもは皮つきのまま1cm角のさいの目に切り、5分ぐらい水にさらす。

❷水気を切り、耐熱皿にのせ、ふんわりとラップをかける。

❸600Wの電子レンジで1分半〜2分加熱する。

❹ごはん、❸と全ての材料をまぜ合わせ、にぎる。

えだ豆＋チーズ＋塩こんぶ

材料
- 冷凍えだ豆────大さじ½
- プロセスチーズ──1個
- 塩こんぶ─────2つまみ

❶えだ豆はお湯でさっとゆでて解凍する。

❷チーズは1cm角にカットする。

❸ごはん、❶、❷と塩こんぶをまぜ合わせ、にぎる。

えだ豆＋かにかま＋コーン

材料
- 冷凍えだ豆────大さじ½
- 冷凍コーン────大さじ½
- かにかま─────1本
- めんつゆ─────小さじ1

❶えだ豆とコーンはお湯でさっとゆでて解凍する。

❷かにかまは½の長さにカットし、手で割く。

❸ごはん、❶、❷とめんつゆをまぜ合わせ、にぎる。

コーン＋ベーコン＋ピーマン

材料
- 冷凍コーン────────大さじ1
- ピーマン──────────¼個
- ベーコン（ハーフサイズ）───1枚
- バター──────────10g
- 塩こしょう──────────適量

❶ピーマンはみじん切り、ベーコンは1cm角にカットする。

❷フライパンにバターを熱し、❶とコーンをそのまま加え、炒める。

❸火が通ったら、塩こしょうで味を調える。

❹粗熱が取れたら、ごはんと❸をまぜ合わせ、にぎる。

おべんとう箱につめてみよう！

おかずメンバーがそろったらみんなでおべんとう箱に入っちゃお！

わたしも入りますね〜

① 入っておいで。

一番のりだ！のりだけに

さあ、どんなおべんとうになるのかな？　楽しみ、楽しみ！

おにぎりやごはんの場所は最初に決めると、あとのおかずがつめやすくておすすめです。

② こんにちはー

お、早いな！さすがだな

ポテトサラダです！入っていいですか？

③ だんだん集まってきましたね！

ハンバーグさん！さぁさぁ、どうぞどうぞ

みんな、ポテトサラダはじょうずにできたかな？

メインのおかずは2番目に。おかずは大きい順に入れるほうがいいですよ。

形が変えられるおかずは、どこに入れてもおさまるので有能です。

④ みんなの人気者・たまごやきがやってきたよ！

まだ、スペースはありますか？

えんりょなさらず、どうぞどうぞ

ぼくたちがいなきゃ、さびしいでしょ！

まっていたよ！

ゴーカになってきたなぁ

トマトとブロッコリーとウインナーが入ると、おべんとうがあざやかになるね！

⑤ さらにカラフルになって、いい感じ！

小さなおかずは、すき間をうめるのに大活やく！

⑥ できあがりー！

完成!!

さぁ、この子たちをつれて、ピクニックや遠足へ行こう！

このページのお絵かき動画が見られるよ

25

サンドイッチ バリエーション

おにぎりもいいけど、サンドイッチもおべんとうの定番！ いろいろなおかずを入れてつくる、食べごたえばっちりのサンドイッチにも挑戦しよう！！

サンドイッチいろいろ

身近な食材やいろどりおかず（29ページから紹介）を利用して、手軽に幅広くいろんなサンドイッチにチャレンジ。自分でレシピを発明しても楽しいよ！

基本のつくりかた

材料
- ●サンドイッチ用薄切り食パン——2枚
- ●マヨネーズやバターなどの調味料
- ●好きな具材

❶まな板の上にラップを敷き、食パンをおく。

❷マヨネーズやバターなどの調味料を食パンの片面にぬったものを2枚用意する。

❸好きな具材を食パンの上に広げ、もう1枚の食パンではさむ。

❹お皿などをのせて、重しをして少し時間を置く。

❺四方のミミをカットして、半分に切る。

野菜サンド

サンドイッチ用食パン（以下、パン）にマヨネーズをぬり、スライスしたきゅうり、トマトとレタス、スライスチーズをはさんでカット。

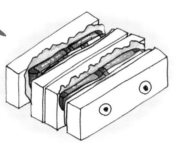

肉じゃがサンド

パンにバターを薄くぬり、汁気を切って細かくきざんだ肉じゃが（45ページ）をはさんでカット。

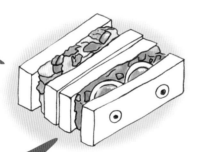

かぼちゃサラダ+ゆでたまご

パンにマヨネーズをぬり、かぼちゃサラダ（40ページ）とスライスしたゆでたまごをはさんでカット。

たまごサラダ+きゅうり

パンにバターを薄くぬり、たまごサラダ（ゆでたまご1個をフォークで粗めにつぶし、マヨネーズを加え、塩こしょうで味を調える）、スライスしたきゅうりをはさんでカット。

パンにマヨネーズをぬり、ポテトサラダ（11ページ）をはさんでカット。

ポテトサラダサンド

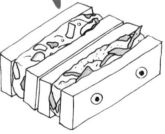

ジャーマンポテト

パンにバターを薄くぬり、細かくきざんだジャーマンポテト（44ページ）をはさんでカット。

スクランブルエッグ+トマト+レタス

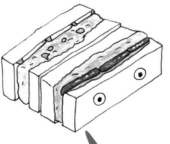

パンにマヨネーズをぬり、基本のスクランブルエッグ（39ページ）、スライスしたトマト、レタスをはさんでカット。

ハムチーズ+きゅうり

パンにバターを薄くぬり、ハムチーズ（ハムとスライスチーズを交互に重ねる）とスライスしたきゅうりをはさんでカット。

からあげ+レタス

パンにケチャップをぬり、からあげ（42ページ）とレタスをはさんでカット。

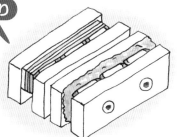
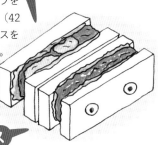

ツナマヨ+きゅうり

パンにバターを薄くぬり、ツナマヨ（ツナ缶70g、マヨネーズ大さじ1〜2）とスライスしたきゅうりをはさんでカット。

チキンチャップ+レタス

パンにバターを薄くぬり、チキンチャップ（36ページ）とレタスをはさんでカット。

くるくるロールサンドいろいろ

いつものサンドイッチ用食パンをくるくる巻くだけで、とってもおしゃれに変身！　パーティーメニューにもぴったりなサンドイッチです。

かぼちゃサラダ+レタス+チーズ

パンにバターをぬり、レタス→かぼちゃサラダ（40ページ）→スティックチーズの順に具をのせて巻く。

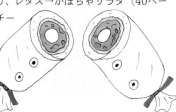

たまごサラダ+きゅうり

パンにバターをぬり、たまごサラダ（26ページ）を広げ、手前にスティックきゅうりをのせて巻く。

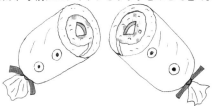

ハム+チーズ

パンにマヨネーズをぬり、ハム1枚、スライスチーズ1枚を重ねてのせて巻く。

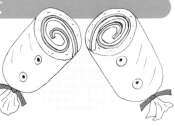

基本のつくりかた

材料
- サンドイッチ用薄切り食パン……1枚
- マヨネーズやバターなどの調味料
- 好きな具材

① まな板の上にラップを敷き、食パンをおく。

② マヨネーズやバターなどの調味料を食パンの片面にぬる。

③ 手前から2cmほどあけて好きな具材をのせる。

④ 手前から巻き、巻き終わったら敷いたラップにくるんで、両端をくるくるねじる。

⑤ 冷蔵庫で休ませる。

⑥ 切るときは、ラップごと切るときれいに切れる。

★くるくるねじったところに、リボンやモールを巻くとかわいいよ！

魚肉ソーセージ+チーズ+のりのつくだ煮

パンにのりのつくだ煮をぬり、スライスチーズ1枚をのせ、魚肉ソーセージを手前にのせて巻く。

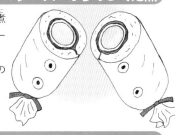

ミートボール+レタス+ケチャップ

パンにケチャップをぬり、レタスを敷き、ミートボール（43ページ）を3つ並べて巻く。

ロールパンサンドいろいろ

ロールパンに切りこみを入れるだけでつくれるロールパンサンドは、初心者でも失敗なしの簡単サンドイッチ！

ツナマヨ+チーズ+レタス

切りこみにバターをぬり、ちぎったレタス、好みの大きさに切ったチーズ、ツナマヨ（27ページ）をはさむ。

目玉焼き+ハンバーグ+レタス

切りこみにケチャップをぬり、ちぎったレタス、小さめにつくったハンバーグ（18ページ）、よく焼いた目玉焼きを半分に切って切り口を上にしてはさむ。

ポークチャップ+レタス

切りこみ部分にバターをぬり、ちぎったレタスとポークチャップ（36ページ）をはさむ。

かぼちゃサラダ+レタス

切りこみにバターをぬり、ちぎったレタスとかぼちゃサラダ（40ページ）をはさむ。

スクランブルエッグ+きゅうり

切りこみにマヨネーズをぬり、ななめ薄切りにしたきゅうりをずらしながら並べ、基本のスクランブルエッグ（39ページ）をはさむ。

たまごサラダ+ウインナー

切りこみにバターをぬり、たまごサラダ（26ページ）、焼いたウインナー1本をはさみ、ケチャップと乾燥パセリをかける。

ナポリタン

切りこみにバターをぬり、ナポリタン（34ページ）をはさむ。

ツナピーマン

切りこみにバターをぬり、ツナピーマン（細切りにしたピーマン1個とツナ小さじ2をごま油適量で炒めて、塩こしょうで味を調えたら完成）をはさむ。

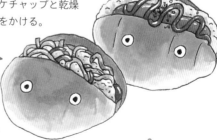

ほかにもポテトサラダをはさんだり、ハムチーズをはさんだり、ミートボールをはさんだり。あなたのアレンジでレシピ無限大！　いろいろな食材をはさんでみよう！

いろどりおかず

大集合！
（だいしゅうごう）

赤、黄色、茶色、緑…
（あか）（きいろ）（ちゃいろ）（みどり）
おべんとうは、いろどりが大切！
（たいせつ）
次のページの『いろどりおかず一覧』を見て、
（つぎ）（いちらん）（み）
カラフルなおべんとうをつくろう！
各色１〜２品目ずつ選ぶのがおすすめ。
（かくしょく）（ひんもく）（えら）
自分色のおべんとうをつくってみよう！
（じ ぶんいろ）

32ページからは、『いろどりおかず一覧』の
（いちらん）
中からチョイスした、
（なか）
"めしがオススメ いろどりおかず"の
レシピを大紹介します！
（だいしょうかい）

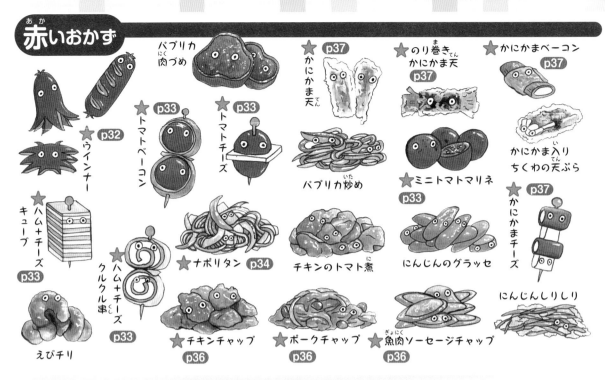

ウインナー p32

トマトベーコン p33

トマトチーズ p33

パプリカ肉づめ

かにかま天 p37

パプリカ炒め

のり巻きかにかま天 p37

ミニトマトマリネ p33

かにかまベーコン p37

かにかま入りちくわの天ぷら

ハム＋チーズキューブ p33

ハム＋チーズクルクル串 p33

ナポリタン p34

チキンのトマト煮

にんじんのグラッセ

かにかまチーズ p37

えびチリ

チキンチャップ p36

ポークチャップ p36

魚肉ソーセージチャップ p36

にんじんしりしり

カラフルにしてくれるおかずは、こんなにいろいろ！

いろどりおかず一覧

のり+青のりたまごやき p38

だし巻きたまご p38

ひじき煮たまごやき p38

ハムたまごやき p38

ハムエッグ

うずらベーコン串

ほうれん草のチーズオムレツ

スクランブルエッグ p39

かにかまたまごやき① p38

かにかまたまごやき② p38

にらたまたまごやき p38

たこやき風たまごやき

かにかま入りスクランブルエッグ p39

ゆでたまご p12

にらたま風スクランブルエッグ p39

のり巻きたまごやき p38

のりたまごやき

ちくわ鶏

ちくわチーズのカレー天ぷら p41

ツナたまご

煮たまご

かぼちゃ煮 p40

かぼちゃのきんちゃく p40

ちくわチーズ p41

きのこのカレー炒め p41

コーン串

かぼちゃソテー p40

ちくわとキャベツのカレー炒め p41

おさつスティック p41

さつまいものレモン煮 p41

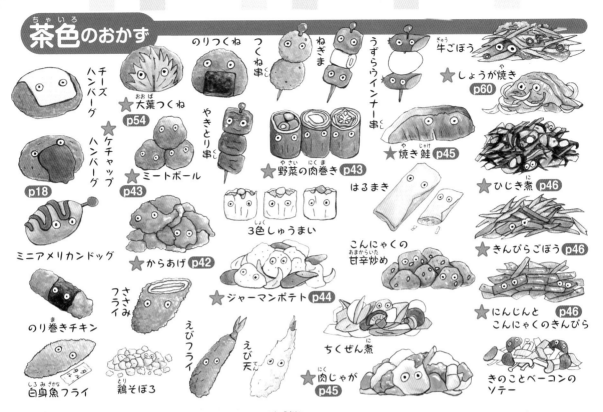

チーズ ハンバーグ

大葉つくね p54

のりつくね

つくね串

ねぎま

うずらウインナー串

牛ごぼう

しょうが焼き p60

ケチャップ ハンバーグ p18

やきとり串

ミートボール p43

野菜の肉巻き p43

焼き鮭 p45

ミニアメリカンドッグ

からあげ p42

3色しゅうまい

はるまき

ひじき煮 p46

こんにゃくの甘辛炒め

きんぴらごぼう p46

のり巻きチキン

ささみ フライ

ジャーマンポテト p44

にんじんと こんにゃくのきんぴら p46

白身魚フライ

鶏そぼろ

えびフライ

えび天

ちくぜん煮

肉じゃが p45

きのことベーコンの ソテー

★印のついているおかずは、レシピを紹介しています。

（注意：このページでは、レシピのないおかずものっています）

ピーマンの肉づめ p47

アスパラベーコン巻き p49

ホイコーロー

いんげんのごまあえ

小松菜のごまあえ

ツナマヨ きゅうり p51

ズッキーニのチーズ焼き

ほうれん草の 油あげ巻き

アスパラベーコン炒め p49

ちくわの 磯辺揚げ

ほうれん草の3色炒め

ゆでブロッコリー p50

きゅうりの塩こんぶあえ p51

うずらピーマン

ゆかり

ごまマヨ

オクラチーズ のり巻き

おかか

オーロラ ソース

きゅうりとわかめの酢のもの p51

えだ豆串 p50

ちくわ きゅうり p41

ツナピーマン p28

ハム巻き (オクラ) p48

ほうれん草の ハムカップ焼き

ゆでえだ豆

えだ豆コーン

ほうれん草の肉巻き

ハム巻き (いんげん)

31

赤いおかずのつくりかた

赤いおかずは、おべんとう箱を華やかにいろどる大切な食材！
1つあるだけで楽しいおべんとうになります。

いろいろなウインナー

赤いウインナーを使うといろどり華やかだけど、
もちろんどんな色のウインナーでもOK。
切る場所を変えるだけで、
いろんな形になる魔法の食材です。

> 切ったあと、サラダ油を熱した
> フライパンで焼き目がつくまで焼くのは、
> 全てのレシピに共通です。

タコさん

下の部分を
放射線状に切る。

下から見た図

→ 焼く

ふたごのタコさん

① ウインナーをたて
ななめ半分に切る。

② 点線の通り
5か所を切る。

→ 焼く

ふたごのカニさん

① ウインナーを
たて半分に切る。

② 点線の通り
左右4か所を切る。

→ 焼く

ハートくん

① ウインナーを点線の
通りななめに切る。

② つまようじで
穴をあけておく。

③ 短く切ったパスタを
さしてくっつける。

→ 焼く

シンプルな ななめ切り

定番の切りかた。おべんとう
にいろどりを添えます。

点線の通り
切れ目を
入れる。

→ 焼く

ハム＋チーズ

ハムとスライスチーズを重ねるだけでかわいいおかずに大変身。
ハムとチーズを重ねたあと、ピックをさしたり、クッキー型で抜いたり、
くるくる丸めて輪切りにしたり、花束みたいに野菜を包んだりしてね！

キューブ

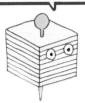

クルクル串

ハムとチーズを1枚ずつ重ねたらクルクル巻き棒状にして、輪切りに。ピックをさす。

ブロッコリーの花束

ハムとチーズを重ねて、ゆでたブロッコリーを包み花束みたいに巻く。

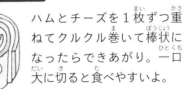

ハート

ハムとチーズを交互に重ねた後、クッキー型で抜く。

クルクル棒

ハムとチーズを1枚ずつ重ねてクルクル巻いて棒状になったらできあがり。一口大に切ると食べやすいよ。

ミニトマト シスターズ

ミニトマトをハムで巻いたり、ミニトマトを半分に切っていろんな具材をはさんでピックでさす。
どんなものをはさむか、オリジナルレシピを考えるのも楽しいかも！

トマトベーコン

トマトきゅうり

ツナマヨトマト

① ミニトマトを半分に切る。

② ツナをマヨネーズであえ、切ったミニトマトの間にはさんでピックをさす。

トマトチーズ

ミニトマトマリネ

材料

- ミニトマト　10個
- マリネ液（まぜておく）
  にんにくチューブ　2cm
  オリーブオイル　大さじ1
  砂糖　大さじ½
  酢　大さじ1
  塩こしょう　少々
  パセリのみじん切り
  （乾燥でも）　少々

十字に切りこみを入れる

① ミニトマトはヘタを取り、十字に切りこみを入れておく。

② ふっとうしたお湯にミニトマトを入れ、10秒ほどたったら引き上げ、すぐに氷水につける。

③ 切りこみを入れたところから皮をむく。

④ マリネ液に③を加え全体をさっとまぜる。

⑤ 冷蔵庫で1時間以上つけこんで味をしみこませる。

⑥ 仕上げにパセリをパラパラかける。

ナポリタン

みんな大好きナポリタン！ おべんとうにはもちろん、
いつものお食事にも使えるレシピ。
量を増やして家族のためにつくってみてもいいかも。

材料（1人分）

●パスタ ——— 100 g	●塩 ——— 少々	●ナポリタンソース
●たまねぎ ——— ¼個	●オリーブオイル 大さじ1	ケチャップ 大さじ1½
●ピーマン ——— 1個		中濃ソース ——— 大さじ1
●冷凍コーン ——— 大さじ1	●塩こしょう ——— 少々	
●ベーコン（ハーフサイズ） ——— 2枚	●サラダ油 ——— 適量	

下準備

ベーコン
1cm幅に切る。
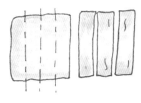

ピーマン
細切りにする。

たまねぎ
薄切りにする。

ナポリタンソース
ケチャップと中濃ソースをまぜておく。

パスタ

❶ パスタは半分に折る。

❷ ふっとうしたお湯に塩少々を入れ、パスタを加え指定時間通りゆでる。

❸ ゆであがったらざるにあげ、オリーブオイルをまわしかけ、全体をまぜ合わせる。

つくりかた

① フライパンにサラダ油を熱し野菜とベーコンを炒める。

強火

② 野菜がしんなりしたら、まぜておいたナポリタンソースを加え炒め合わせる。

中火

中火

ナポリタンのソースをからめて炒めるだけで、どんな具材もおいしくなるよ！

③ ゆでたパスタを加え、ソースをからめるようによく炒め合わせ、塩こしょうで調える。

ちゃっぷ3兄弟

基本のソースをつくって炒め合わせれば、いろんな食材でたくさんのバリエーションが楽しめるおかずです。

材料（4人分）

- 豚こま切れ肉——350g
- たまねぎ——1個（2mm幅にスライス）
- しめじ——1株（小房に分ける）
- 塩こしょう——少々
- バター——大さじ2
- パセリのみじん切り——適量（乾燥でもOK）

ポークチャップ

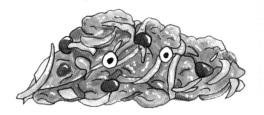

- 基本のソース

  ケチャップ——大さじ4
  ウスターソース——大さじ1½
  酒——大さじ2
  砂糖——大さじ1½

  にんにくチューブ——3cm

まぜておく

つくりかた

1 フライパンにバターを熱し、豚肉を炒める。

強火

2 肉に火が通ったら、たまねぎを加え炒める。

強火

3 たまねぎがしんなりしたら、しめじを加え炒め、塩こしょう少々。さらに基本のソースを加え、全体にからめながら炒め合わせる。仕上げにパセリをパラパラ。

中火

豚肉→鶏肉や魚肉ソーセージに変えてもおいしさバツグン！
"ちゃっぷ3兄弟"にチャレンジして好みのチャップをさがしてみよう！

チキンチャップ

魚肉ソーセージチャップ

かにかまのおかず

かにかまはそのまま食べてもおいしいけど、手軽にいろんなアレンジでもっとおいしくなる大活やくの食材。ちょっと工夫するだけで、技アリなおかずになります！

かにかま天

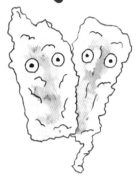

1 天ぷら粉を水で溶かして、天ぷらの生地をつくる。
★天ぷらの生地は、天ぷら粉の袋に書いてある分量でつくってね。

2 かにかまを**1**にからめる。

3 フライパンに少し多めのサラダ油を熱し、揚げ焼きにする。

かにかまベーコン

1 かにかまにベーコンを巻きつけて、つまようじでとめる。

2 サラダ油を熱したフライパンでベーコンに焼き目をつけるように焼く。

3 両面が焼けたら、つまようじをぬく。

のり巻き かにかま天

1 かにかまにのりを巻く。

2 天ぷら粉を水で溶かしてつくった天ぷらの生地に、かにかまをからめる。

3 フライパンに少し多めのサラダ油を熱し、揚げ焼きにする。

かにかまチーズ

1 かにかまは¼の長さに切る。

2 ブロックチーズをかにかまと同じくらいの大きさに切る。

3 互いちがいになるように、ピックにさす。

黄色いおかずのつくりかた

黄色の代表格・たまご、さつまいもやかぼちゃの野菜、カレー味の炒め物などの黄色いおかず。おべんとうの色味も、気分もパッと明るくしてくれます。

たまごやき アレンジレシピ

基本のたまごやきに食材をプラスすれば、楽しい味わいのたまごやきがたくさんつくれます。

14ページにのっている「基本のたまごやき」の材料やレシピを参考にしてつくってね。

のり+青のり

卵液に青のりをまぜ焼く。カットしたたまごやきに、たて半分に切った味つけのりを巻く。

ひじき煮

ひじき煮(46ページ)大さじ1を細かくきざんで卵液にまぜこみ焼く。

かにかま①

好きな大きさに割いたかにかまを卵液にまぜこみ焼く。

かにかま②

たまごやき器に卵液を広げたら、かにかま2本を横一列に並べ、たまごで巻きこんで焼く。

にらたま

にら2〜3本を3㎜幅にきざみ、卵液にまぜこみ焼く。

ハム

みじん切りにしたハム2枚を卵液にまぜこみ焼く。

のり巻き

たまごやき器に卵液を広げたら、全体に味つけのりを敷きつめて巻いていく。何度か繰り返し、最後の1回はのりをのせずに焼く。

だし巻きたまごのつくりかた

たまご2つを割り、だし汁(水45cc、顆粒和風だし2つまみ、しょうゆ小さじ½)をまぜて、「たまごやきのつくりかた」(15ページ)と同じやりかたで焼く。

かつおぶしをまぜこんでも、おいしいよ!

スクランブルエッグ アレンジレシピ

たまごやきより手軽にできるスクランブルエッグ。洋風のおべんとうに合わせるのにぴったり。
好きなものをまぜて、いろいろなスクランブルエッグをつくってみましょう！

基本のスクランブルエッグ

材料【卵液】（1人前）

- ●たまご————1個
- ●塩こしょう————少々
- ●マヨネーズ————大さじ1
  （牛乳大さじ1でもOK）
- ●バター（またはサラダ油）————大さじ1

つくりかた

1 ボウルにたまごと塩こしょう、マヨネーズ（または牛乳）を入れ、よくまぜる。

2 バター（またはサラダ油）をフライパンで中火で熱し、バターが溶けたら全体にのばし、卵液を一気に流しこむ。

中火

3 ゴムべらで大きく円を描くようにゆっくりとかきまぜながら炒める。

中火　または　強火

4 半分ぐらい焼けたら火を止め、まぜながら余熱で火を通す。

火を止めて完成！

かにかま入りスクランブルエッグ

かにかまを好きな大きさに割き、卵液と一緒にかきまぜて焼く。

にらたま風スクランブルエッグ

ごま油でにらをさっと炒める。そこに卵液を流してまぜながら焼く。

ハム入りスクランブルエッグ

細かく切ったハムを卵液と一緒にかきまぜて焼く。

かぼちゃのおかず

あざやかなオレンジ色が出せるのは、かぼちゃならでは！
栄養たっぷりなのもうれしいですね。

かぼちゃは固く、切るときに危ないので、ふんわりラップをまいて600Wのレンジで1分加熱すると切りやすいよ。

かぼちゃソテー

材料

- かぼちゃ―――⅛個
- バター―――大さじ1
- 塩こしょう―――少々
- 砂糖（お好みで）―――ひとつまみ

つくりかた

1. かぼちゃは6mm幅にスライスする。
2. フライパンにバターを溶かし1を焼く。
3. 焼き目がついたら裏返し、火が通るまで焼く。（中火）
4. 塩こしょうで味を調える。
   ★お好みで砂糖をひとつまみ入れると甘みがでるよ。

かぼちゃ煮

材料（4人分）

- かぼちゃ―――¼個
- 水―――300㎖
- みりん―――大さじ2
- 砂糖―――大さじ3
- めんつゆ（3倍濃縮）―――大さじ4

かぼちゃのきんちゃく

材料（4個分）

- かぼちゃ―――¼個
- 牛乳―――大さじ2　●砂糖―――大さじ2
- バター―――15g　●塩こしょう―――少々

つくりかた

1. バターは常温に戻しておく。
2. かぼちゃは一口大に切り、皮をむく。
3. 耐熱ボウルにかぼちゃと水を入れ、ふんわりとラップをかけ電子レンジで加熱する。
   ★水の量、加熱時間の目安：かぼちゃ¼個に対して水・大さじ1　600Wで2分加熱。
4. かぼちゃが柔らかくなったら熱いうちに調味料を全て加えて、フォークでつぶしながらよくまぜ合わせる。
   ★熱いのでやけどしないように注意してね。
5. 冷めたら4等分してラップにのせ、ラップの四隅を上のほうでまとめてつまみ、ねじって形を整える。

つくりかた

1. かぼちゃは食べやすい大きさに切る。（3cm角ぐらいの大きさが目安）
2. かぼちゃの皮側が下になるようになべに並べ、水と調味料を全て加えて火にかける。（中火）
3. ふっとうしたらとろ火にし、落としぶたをする。
4. さらになべのふたをして、とろ火のまま11分煮る。
5. 火を止め、落としぶたとふたを取り、そのまま冷ます。

かぼちゃ煮をさらにアレンジ！

かぼちゃサラダ

かぼちゃ煮と、ゆでたまご2個をボウルで粗くつぶし、マヨネーズ（お好みの量）であえ、塩こしょうで味を調える。
サンドイッチ（26〜28ページ）に入れるとおいしいよ！

さつまいものおかず

秋の野菜といえば甘くてほくほくなさつまいも。皮の赤みと実の黄色のコントラストがとってもあざやか。秋のおべんとうには、ぜひさつまいものおかずをおともに！

おさつスティック

材料
- さつまいも　中1本
- 黒ごま　少々
- 砂糖　大さじ2
- サラダ油　適量
- しょうゆ　大さじ1

つくりかた

1 さつまいもはよく洗い、皮つきのままスティック状に切る。

2 フライパンにサラダ油を多めに熱し、1を焼く。（中火）

3 さつまいもに火が通ったら余分なサラダ油をキッチンペーパーでふき取る。

4 3に砂糖としょうゆを加え、全体にからめるように炒め合わせる。（弱火）

5 火を止め、黒ごまを加え全体をまぜ合わせる。

さつまいものレモン煮

材料
- さつまいも　中1本
- 水　400㎖
- レモンのしぼり汁　大さじ1
- 砂糖　大さじ2
- しょうゆ　少々

つくりかた

1 さつまいもはよく洗い、1㎝幅の輪切りにする。

2 なべにさつまいもを並べ、全ての材料を加える。

3 落としぶたをして、ふっとう後10分ほど煮る。（中火）

カレー味のおかず

味にパンチがあるスグレもの！

ちくわとキャベツのカレー炒め

1 スライスしたちくわと一口大に切ったキャベツにカレー粉をまぶして、サラダ油を熱したフライパンで炒める。（中火）

★カレー粉は入れすぎに注意。ひとつまみでも辛みがつきます。お好みで量を調節してね。

2 仕上げに塩こしょうで味を調える。

きのこのカレー炒め

1 きのこの石づき（下の部分）を切り落としバラバラにする。

2 バターを溶かしたフライパンできのこを中火で炒め、カレー粉を加える。（カレー粉は入れすぎに注意してね）

3 全体がしんなりしたら、塩こしょうで味を調える。

ちくわのおかず

ちょっとアレンジを加えるだけでおいしいおかずに早変わりします。

ちくわチーズ

ちくわの穴に具（細長く切ったチーズやきゅうり）をつめて切る。

ちくわきゅうり

ちくわチーズのカレー天ぷら

1 天ぷら生地にカレー粉をまぜ、ちくわチーズをくぐらせる。

★天ぷらの生地は、天ぷら粉の袋に書いてある分量でつくってね。

2 フライパンにサラダ油を多めに熱し揚げ焼きする。

茶色のおかずのつくりかた

和食の調味料・しょうゆや味噌の色、お肉の色、食材を焼いたときのおこげの色などなど茶色のおかずは、主役にも名脇役にもなる万能おかずです！

からあげ

揚げたてはもちろん、冷めてもおいしいので、おべんとうのメインおかずにピッタリ！　油で揚げるので、やけどしないよう気をつけてつくりましょう。

材料（4人分）

- 鶏もも肉——500g
（カットしてある、からあげ用の鶏もも肉でもOK）

- A ＜下味用＞

酒	大さじ1½
しょうゆ	大さじ2
しょうがチューブ	3㎝
にんにくチューブ	3㎝
塩こしょう	少々

- 衣（まぜておく）

小麦粉	大さじ6〜
片栗粉	大さじ6〜

- 揚げ用サラダ油——適量

つくりかた

1 鶏肉を一口大に切る。

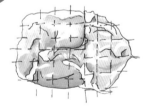

2 ボウルに❶を入れ、まぜておいたAを加えてよくもみこむ。（15分ぐらいおいておく）

3 余分な水分を切り、衣を加え、鶏肉全体に粉がからむように、よくまぜ合わせる。

4 170℃のサラダ油で揚げる。鶏肉は静かに入れ、最初はあまり触らない。2〜3分たって下のほうがきつね色になったら裏返す。

5 さらに2〜3分揚げ、鶏肉が浮かんできたらバットにあげる。

野菜の肉巻き

肉と野菜をいっぺんに食べられる、うれしいおかずです！
いろんな野菜を入れて、味くらべするのもOK。

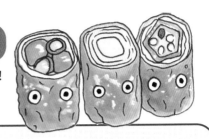

材料（4人分）

- 豚ロース薄切り肉————300g
- 好きな野菜［にんじん、じゃがいも、いんげん、オクラなど］（ゆでておく）
- 塩こしょう————少々
- サラダ油————適量
- 白ごま————お好みで

●タレ（まぜておく）

しょうゆ	大さじ2
砂糖	大さじ2
酒	大さじ1
みりん	大さじ1
しょうがチューブ	2cm

つくりかた

1 豚肉を広げ、野菜を巻く。巻けたら塩こしょうをふる。

手前から
クルクル

2 フライパンにサラダ油を熱し、❶の巻き終わりを下にして転がしながら焼く。

中火

3 豚肉が焼けたらタレを加え、煮からめる。（中火）

4 豚肉を取り出し、残ったタレは少し煮つめて肉にかける。

5 仕上げに白ごまをパラパラふりかける。

ミートボール

ハンバーグと同じ材料でつくれます。さらにひと手間かけて、またちがった味で楽しめる肉のおかずです。

材料（4人分）

- ハンバーグの生地（18ページを見てね）————4人分

●タレ（まぜておく）

水	100ml
ケチャップ	70ml
ウスターソース	大さじ1
砂糖	大さじ1
しょうゆ	小さじ1

- 揚げ用サラダ油————適量

つくりかた

1 ハンバーグの生地を一口大の団子に丸める。

2 180℃のサラダ油で揚げる。（浮き上がり、表面がこんがりするまで）

3 フライパンにタレの調味料を加え、とろみが出るまで弱火で煮つめる。

4 とろみがついたら❷を加え、タレが全体にからむように手早くまぜ合わせる。

じゃがいものおかず

ほくほくしていて食べると心もほっこりする
野菜、じゃがいも。焼いても煮てもふかして
もおいしい大人気じゃがいもレシピから、2
種類をご紹介します。

ジャーマンポテト

材料(4人分)

- じゃがいも　　　　　　　3個
- たまねぎ　　　　　　　　½個
- ベーコン（ハーフサイズ）4枚
- オリーブオイル　　　　　大さじ1
- にんにくチューブ　　　　3cm

- 顆粒コンソメ　大さじ1
- 塩こしょう　　少々
- パセリのみじん切り
　（乾燥でもOK）
　　　　　　　　お好みの量

下準備

じゃがいも

粉ふきいもにする。
（12ページ）

たまねぎ

串切り。

ベーコン

1cm幅に切る。

パセリ

みじん切り。
（乾燥パセリでもOK）

つくりかた

1 じゃがいもは皮をむき、一口大に切り、粉ふきいもにする。
（12ページの「粉ふきいものつくりかた」参照）

2 フライパンにオリーブオイルを入れて、にんにくを加え、
弱火で香りが立つまで炒める。（はねに注意）

3 ❷にベーコンを加え、軽く炒めたらたまねぎを入れて、炒
める。（中火）

4 たまねぎがしんなりしたら❶を加え、炒め合わせる。

5 コンソメを加え、全体をよく炒め合わせたら、塩こしょう
をして味を調える。

6 仕上げにパセリを加え、全体をまぜ合わせる。

> サンドイッチに
> 入れてもおいしいよ！
> ハンバーグの
> つけあわせにしても
> いいね。

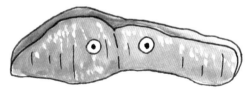

肉じゃが

材料（4人分）

- 豚こま切れ肉──200g
- じゃがいも──4個
- にんじん──1本
- たまねぎ──1個
- いんげん──6本くらい
- 糸こんにゃく──1袋
- サラダ油──小さじ1

- だし汁→
  水500mℓ＋顆粒和風だし
  ──小さじ1
- しょうゆ──大さじ3～4
  ★お好みで調整してね。
- A
  砂糖──大さじ2
  みりん──大さじ3
  酒──大さじ2

下準備

豚こま切れ肉
小さめの一口大に切る。

にんじん
3mm幅のいちょう切り。

いんげん
2mm幅のななめ切りにする。

じゃがいも
皮をむいて一口大の乱切り。

たまねぎ
串切り。

つくりかた

1 なべにサラダ油を中火で熱し、たまねぎ→豚肉→にんじん→じゃがいも→糸こんにゃくの順で炒める。

2 たまねぎの表面が透きとおったら、だし汁を加え、強めの中火で煮る。

3 ふっとうしたらアクを取り、いんげんとAを加え、5分煮る。

4 弱火にし、しょうゆを加え、落としぶたをして10分煮る。

焼き鮭

フライパンでカンタンに焼けるので、手間がかからないおかずの代表！　焼いた身をほぐしておにぎり（23ページ）にも入れられます。

1 鮭はペーパータオルではさんで、余分な水分を取っておく。

2 フライパンにサラダ油を熱し、鮭の皮目を下にして焼く。（中火）

3 焼き目がついたらフライ返しで返して、ふたをし、3～5分ほど蒸し焼きにする。

ひじき煮

ひじき煮はしっかり味をしみこませて、汁気が出ないようにつくりましょう。

材料（4人分）

●乾燥ひじき	25g（水で戻す）	●A	
●油揚げ	1枚（細切り）	水	200mℓ
●大豆（水煮）	100g	顆粒和風だし	小さじ1
●にんじん	½本（千切り）	酒	大さじ3
●いんげん	10本（2cm幅のななめ切り）	砂糖	大さじ2
		しょうゆ	大さじ3
●ごま油	大さじ1	みりん	大さじ3

つくりかた

❶ なべにごま油を熱し、ひじきを炒め、にんじんも加えて炒める。

❷ A、油揚げ、大豆、いんげんを加える。

❸ 落としぶたをして、煮汁がなくなるまで煮る。

ごぼうとにんじんのおかず

紹介するごぼうとにんじんのおかずは、冷蔵庫でつくり置き保存も可能。2～3日中に使いましょう。

材料（4人分）

●ごぼう	2本	みりん	大さじ1
●にんじん	½本	水	100mℓ
●酒	大さじ4	とうがらしの輪切り	お好みで
●A			
砂糖	大さじ1	●白ごま	お好みの量
めんつゆ（3倍濃縮）	大さじ3	●ごま油	適量

にんじんとこんにゃくのきんぴら

材料

●にんじん	1本	しょうゆ	大さじ2
●こんにゃく	100g	みりん	大さじ1
●A		酒	大さじ1
砂糖	大さじ2	●ごま油	適量

きんぴらごぼう

つくりかた

❶ ごぼうは、皮をこすり落とし、細切りにする。

❷ 水にさらしてアクを抜き、水気を切る。

❸ なべにごま油を熱し、ごぼうとにんじんを中火で炒める。（とうがらしを入れる場合はこのときに加える）

❹ 酒を入れ、しんなりするまで炒める。

❺ Aを加え、全体をまぜ合わせる。

❻ 落としぶたをして、弱火で汁気がなくなるまで煮る。

❼ 仕上げに白ごまをパラパラふりかける。

つくりかた

❶ にんじんとこんにゃくは細切りにする。

❷ こんにゃくはお湯で下ゆでして臭みを取る。

❸ フライパンにごま油を熱し、にんじん中火で炒める。

❹ にんじんがしんなりしたら、こんにゃくを加え炒める。

❺ Aを加え、汁気がなくなるまで炒める。

緑色のおかずのつくりかた

アスパラガスやブロッコリー、えだ豆など、野菜が中心になる緑のおかず。
ビタミンたっぷりのお野菜で、畑の恵みを楽しみましょう！

ピーマンの肉づめ

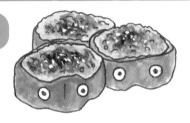

ハンバーグの生地を使った、アレンジレシピの1つです。
ピーマンにきっちりつめることで、肉汁もしっかり味わえます。

材料（4人分）

- ピーマン――――――――4〜6個
- 小麦粉―――――――――適量
- ハンバーグの生地（18ページの半分の量）
- サラダ油――――――――大さじ1

4 フライパンにサラダ油を熱し、**3**をならべ、焼き目をつける。

中火

つくりかた

1 ピーマンはヘタを切り、中からたねを出す。

5 こんがりと焼き目がついたら裏返し、ふたをして蒸し焼きにし、5〜6分ほど火を通す。

弱火

2 ピーマンを2cmほどの厚さの輪切りにし、内側に小麦粉を薄くはたく。

ピーマンをたて半分に切って、つくるのもOK！焼くときは、肉のほうから焼いてね。

3 ハンバーグの生地をつめ、形を整える。

ハム巻き

野菜をハムで巻く、カンタンにつくれるひと品。
巻く野菜はお好みで、自分の好きなもので
アレンジしてもOKです。

いんげん＋にんじん

オクラ

つくりかた

1 ゆでたオクラをハムで巻き、半分に切る。

2 ピックでさす。

つくりかた

1 やわらかくゆでたいんげんとにんじんをハムで巻き、半分に切る。

2 ピックでさす。

レンジで簡単！！
オクラのゆでかた （オクラ5本分）

1 オクラは水で洗い、塩をまぶして、手でこする。（うぶ毛が取れるよ）

2 水で塩をさっと洗い流す。

3 オクラのヘタを切り、耐熱皿に並べる。

互いちがいに！！

4 ふんわりラップをかけ電子レンジで加熱する。

目安時間　600W　50秒〜1分

5 加熱後、ざるにあげ、そのまま冷ます。

アスパラのおかず

細長くて使いやすいアスパラは、お肉との相性もピッタリ。
巻いたり、中に入れたり、炒めたりと、いろんな形で活やくします。

アスパラベーコン巻き

つくりかた

1 ゆでたアスパラをベーコンで巻き、つまようじでとめる。

2 フライパンにサラダ油を熱し、**1**を焼く。

3 ベーコンに焼き色がついたら、仕上げに塩こしょうで味を調える。

アスパラベーコン炒め

つくりかた

1 サラダ油を熱したフライパンで、ゆでたアスパラと細く切ったベーコンを炒める。

2 塩こしょうで味を調える。
★サラダ油のかわりにバターでもOK。

アスパラのゆでかた

1 アスパラは根元を1cm〜2cm切り落とし、下から半分くらいまでピーラーで皮をむく。

ピーラーで皮をむく

切り落とす

2 4等分に切る。

★下のほうは皮が固いので、皮をむくことにより、火の通りがよくなるよ。

3 ふっとうしたお湯に塩小さじ1を加え、根元の部分から30秒ずつ、ずらして入れていく。合計2分間ゆでる。

❶ → 30秒 → ❷ → 30秒 → ❸ → 30秒 → ❹ → 30秒 → 完成

4 ゆであがったらざるにあげ、流水で冷ます。

ゆでブロッコリーのおかず

まるで小さな木のように見えるブロッコリーは、緑の色もあざやか！
おべんとうのいろどりをギュッと引きしめてくれます。

ブロッコリーのゆでかたは、17ページの「おべんとういろどりつけあわせ」にのってるよ。

ゆかりあえ

ゆかり（市販のふりかけ）をかけてあえる。

ごまマヨ

ソースの材料をまぜておき、ゆでたブロッコリーにからめる。

ソースの材料（5房分）

- ●すりごま────大さじ2
- ●マヨネーズ────大さじ2
- ●しょうゆ────小さじ1
- ●砂糖────小さじ½

おかかあえ

かつおぶし（適量）にしょうゆ少々を入れたものをからめる。

オーロラソース

ソースの材料をまぜておき、ゆでたブロッコリーにからめる。

ソースの材料（5房分）

- ●マヨネーズ────大さじ2
- ●ケチャップ────大さじ1½
- ●砂糖────2つまみ
- ●塩こしょう────少々

えだ豆のおかず

キレイな黄緑色でかわいいえだ豆が入っているだけで、
楽しい雰囲気にしてくれます。分量も調節しやすく便利です。

えだ豆串アレンジ

えだ豆串

えだ豆
ウインナー串

えだ豆
コーン串

えだ豆ベーコン

お湯でさっとゆで、解凍したえだ豆とコーン、1cm幅に切ったベーコンをフライパンで炒め、塩こしょうで味を調える。

ピックにえだ豆と食材を交互にさして串をつくれば、食べやすいですよ！

きゅうりのおかず

さっぱりとした味のきゅうりも、あるとうれしいひと品。口の中をさわやかにしてくれるので、味の濃いおかずとの相性もばっちりです。

ツナマヨきゅうり

きゅうりとわかめの酢のもの

材料（2人分）

- きゅうり————1本
- わかめ（乾燥）——1つまみ
- 白ごま————少々

- A（まぜておく）

酢	大さじ1
砂糖	大さじ1
しょうゆ	少々
顆粒和風だし	少々

つくりかた（ツナマヨきゅうり）

1 ツナ缶（70ｇ）の油をよく切り、マヨネーズ大さじ1と塩こしょうであえて、よくまぜる。

2 1㎝幅に輪切りにしたきゅうりで**1**をはさみ、ピックでさす。

つくりかた（きゅうりとわかめの酢のもの）

1 きゅうりは2〜3㎜幅にスライスして、塩もみをする。

2 5分ほど置いたあと、水でサッと洗い、手で水気をギュッとしぼる。

3 わかめはやわらかくなるまで5分ほど水で戻し、食べやすい大きさに切る。

4 **2**、**3**と、まぜておいたAをボウルに入れて、よくまぜ合わせる。

5 冷蔵庫で味がしみこむまで、30分以上置いておく。

6 仕上げに白ごまをパラパラとかける。

きゅうりの塩こんぶあえ

材料（2人分）

- きゅうり——1本
- 塩こんぶ——2つまみ
- 白ごま——1つまみ
- A
  - ごま油——小さじ1
  - 砂糖——1つまみ

つくりかた

1 きゅうりのヘタを切り落とし、大きめの乱切りにする。

2 ポリ袋に**1**を入れ、めんぼうなどで軽くたたく。

3 **2**に塩こんぶ、Aを入れ、袋の上からよくもむ。

4 冷蔵庫で1時間くらい置いておく。

5 仕上げに白ごまをパラパラとかける。

季節のおべんとう

春のおべんとう

春らしい華やかないろどりの
おかずの宝箱をイメージ。
ハムの花びらでさらにお花見気分を演出！

ピーマンの肉づめ
緑色のおかず47ページ。

トマトベーコン
赤いおかず33ページ。

**きゅうりと
わかめの酢のもの**
緑色のおかず51ページ。

**ちくわとキャベツの
カレー炒め**
黄色いおかず41ページ。

ハムを小さく花びら
の形に切り取って、
散らしましょう。

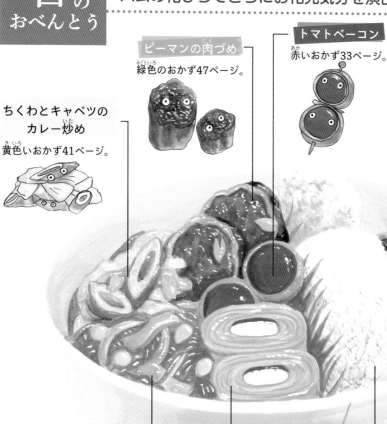

3色おにぎり
・さくらでんぶおにぎり
・塩おにぎり
・青のりおにぎり

ナポリタン
赤いおかず34ページ。

かにかま たまごやき②
黄色いおかず38ページ。

22ページにのっている、
「基本のおにぎりのつくりかた」
でにぎります。おにぎりのまわ
りにさくらでんぶや青のりをま
ぶすと、3色おにぎりに。

いろどりおかずを組み合わせて、季節のおべんとうをつくりましょう！
いろどりおかずは、赤、黄色、茶色、緑色から各1〜2品目選ぶのがポイント。
季節のおべんとうばかりでなく、行事に合わせたり好みに合わせたり！
いろどりおかずの組み合わせおべんとうは、あなたしだいで無限に広がります！

夏のおべんとう

夏バテ防止！ スタミナべんとう。
気温の上昇で食べ物が傷みやすくなる季節。
7ページの夏のおべんとうの注意点を
かならずチェックしましょう！

きんぴらごぼう
茶色のおかず46ページ。

酢鶏
下にあるレシピを
見てつくってみよう。

ほうれん草とコーンのソテー
ほうれん草を3cm幅に切って
コーン缶とバターと
一緒に炒める。

梅大葉おにぎり
梅ぼしと大葉を、きざんで
ごはんにまぜてにぎる。

梅ぼし+のりおにぎり

ミートボール
茶色のおかず43ページ。

かたゆでたまご
水からたまごを入れて
火にかけてふっとうしてから
13分ぐらいゆでる。

ミニトマトマリネ
赤いおかず33ページ。

酢鶏のつくりかた

材料（4人分）
- 鶏むね肉——300g
 （一口大に切る）
- にんじん——½本（乱切り。
 ラップをかけてレンジで3分）
- たまねぎ——1個（乱切り）
- ピーマン——2〜3個（乱切り）
- 片栗粉——大さじ3
- ごま油——大さじ2
- A
 酢、砂糖、しょうゆ、
 みりん、ケチャップ
 ——各50g

①ビニール袋に鶏肉と片栗粉を入れ、肉に粉をまぶす。
②ごま油をフライパンで熱し、余分な粉をはたいた①を焼く。（中火）
③肉に焼き色がついたら、にんじん、たまねぎ、Aを入れ炒める。
④ふたをして弱火で8分。たまにかきまぜる。
⑤8分たったらピーマンを加え、ふたをして3分で完成。

秋（あき）のおべんとう

秋（あき）の味覚（みかく）をふんだんに取（と）り入（い）れ、
秋鮭（あきじゃけ）、さつまいも、かぼちゃ、きのこを使（つか）った、
和食中心（わしょくちゅうしん）のヘルシーおべんとうです。

タコさんウインナー
赤（あか）いおかず
32ページ。

きのこのカレー炒（いた）め
黄色（きいろ）いおかず41ページ。

野菜（やさい）の肉巻（にくま）き
（ごぼう、にんじん、いんげん）
茶色（ちゃいろ）のおかず
43ページ。

大葉（おおば）つくね
下（した）のレシピを見（み）て
つくってみよう。

さつまいも+黒（くろ）ごま
おにぎり
おにぎり
23ページ。

大葉（おおば）+鮭（さけ）+ごま
おにぎり
おにぎり
23ページ。

かぼちゃ煮（に）
黄色（きいろ）いおかず
40ページ。

おかか入（い）り
たまごやき
38ページの"だし巻（ま）き
たまご"のレシピに
かつおぶしを入（い）れて
焼（や）いてね。

ブロッコリーの
おかかあえ
緑色（みどりいろ）のおかず
50ページ。

おかか

にんじんもみじ
2mm幅（はば）に薄切（うすぎ）りした
にんじんを
ラップにくるんでレンジで2分（ふん）。
やわらかくなったら
クッキー型（がた）で抜（ぬ）いてね。

大葉（おおば）つくねのつくりかた

材料（ざいりょう）（4人分（にんぶん））

- 鶏（とり）ひき肉（にく）————400g
- たまねぎみじん切（ぎ）り——½個分（こぶん）
- たまご————1個（こ）
- 塩（しお）こしょう————少々（しょうしょう）
- パン粉（こ）・適量（てきりょう）（生地（きじ）が丸（まる）めやすい固（かた）さになるように調節（ちょうせつ）してね）

- しょうゆ、マヨネーズ、ごま油（あぶら）————各大（かくおお）さじ2
- しょうがチューブ、みりん、酒（さけ）、砂糖（さとう）————各大（かくおお）さじ1
- 大葉（おおば）————4枚（まい）
- サラダ油（あぶら）————適量（てきりょう）

❶材料（ざいりょう）を全（すべ）てまぜて、よくこねる→丸（まる）めて形（かたち）を整（ととの）える。

❷大葉（おおば）を❶にはりつけてサラダ油（あぶら）を熱（ねっ）したフライパンで焼（や）く。

❸弱（よわ）めの中火（ちゅうび）で焼（や）き、片面（かためん）に色（いろ）がついたらひっくり返（かえ）し、ふたをして3分（ぷん）ほど蒸（む）し焼（や）きにしたらできあがり。

冬のおべんとう

クリスマスをおかずで表現してみました。
赤、緑のクリスマスカラーをふんだんに取り入れた
「おかずのプレゼント」をイメージしたおべんとうです。

ピーマン、パプリカ、コーンの3色バター炒め

ピーマン、パプリカを細切りに。
コーンと一緒にサラダ油で炒めて
塩こしょう少々で、できあがり。

フリルレタス

水気を切って、
ハンバーグの下に敷く。

クリスマス風デコ チーズハンバーグ

ハンバーグ18ページ。
チーズを星形やツリー形に切って
のせるだけで華やか！
ケチャップを忘れずにのせて。

のり+からあげ おにぎり

おにぎり
22ページ。

ミニトマト

1個を半分に切って
入れる。

デコブロッコリー

ゆでたブロッコリー（17ページ）に、
ストローでくりぬいたハムと
かにかまをトッピング！
まるでクリスマスツリーのよう！

プレゼントたまごやき

たまごやきに、かにかまを
割いて巻き、飾りつけ！

魚肉ソーセージチャップ

赤いおかず36ページ。

メリー
Merry
クリスマス
Christmas!

みんなの活やくのおかげで
楽しいおべんとうができました。

このページの
お絵かき動画が
見られるよ

これからも
楽しいおべんとうを
いっぱいつくってね。

おつかれさまでした
お茶でもどうぞ

めし画ギャラリー
お食事レシピ

いろいろなおべんとうがつくれたら、
今度は普段のお食事で大活やくするメインメニューにも挑戦！
好きないろどりおかずをつけあわせれば、食卓も華やかになります。

オムライス

みんな大好きなオムライスは、ボリュームも満点！
ケチャップライスがおいしさの決め手に。

材料（1人分）

●温かいごはん────150g	●包む用のたまご
●ウインナー────2本	たまご────2個
●たまねぎ────¼個	牛乳────小さじ1
●塩こしょう────少々	マヨネーズ────大さじ1
●サラダ油────小さじ1	●バター────大さじ1
●ソース（炒め用）	●パセリのみじん切り───1つまみ
ケチャップ────大さじ2	（乾燥パセリでもOK）
ウスターソース─小さじ1	●ケチャップ────お好みの量

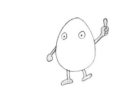

❶ウインナーは5mm幅の薄切り、たまねぎはみじん切り、ソースの材料、たまごの材料はそれぞれまぜておく。

❷フライパンにサラダ油を熱し、ウインナーとたまねぎを炒める。

❸火が通ったら、ソースを加え、よくまぜ合わせる。

❹❸に温かいごはんを加え、ごはんをほぐしながらよく炒め合わせ、塩こしょうで味を調える。

❺お皿に炒めたごはんをオムライスの形にして盛る。

❻フライパンにバターを熱し、まぜておいたたまごの材料を流し入れ、薄焼きたまごをつくる。

❼❺のごはんの上に薄焼きたまごをのせ、上からラップをやさしくかけ、包みこむように形を整える。（キッチンペーパーでもOK）

❽お好みの量のケチャップをかけ、パセリをパラパラふりかける。

しょうが焼き

しょうがの風味のあまじょっぱい味つけは、白いごはんがどんどん進む大定番メニューです！

材料（1人分）

		つけダレ		サラダ油	大さじ1
豚肉	120g	酒	大さじ1		
たまねぎ	½個	しょうゆ	大さじ1½		
小麦粉	適量	砂糖	大さじ½		
キャベツの千切り	¼個分	しょうがみじん切り	小さじ1		
ミニトマト	1個				

❶ ミニトマトはヘタを取ってよく洗い、半分にカット。たまねぎは薄切りにする。

❷ つけダレの材料をまぜておく。

❸ ビニール袋に豚肉と小麦粉を入れ、豚肉に粉をまぶす。

❹ フライパンにサラダ油を熱し、たまねぎを炒める。

❺ たまねぎがしんなりしたら❸を加え、よく炒める。

❻ 豚肉に火が通ったらつけダレを加え、全体を炒め合わせる。

❼ ❻をお皿に盛りつけ、キャベツとミニトマトを添える。

カルボナーラ

コクのあるカルボナーラソースをからめたパスタに、こしょうがピリリ！ 食べ応えバッチリな一品。

材料（1人分）

●パスタ 100g	●ソース	●にんにくみじん切り 1片分	●粉チーズ 少々
●ベーコン（ハーフサイズ） 4枚	牛乳 60cc	●オリーブオイル 大さじ1	●温玉 お好みで
	卵黄 1個分	●ブラックペッパー 少々	
	とろけるチーズ 2枚		

❶ ベーコンは1cm幅の細切りにする。

❷ ボウルにソースの材料を入れ、まぜておく。（とろけるチーズは小さくちぎって入れる）

❸ 大きめのなべにお湯1ℓをわかし、塩小さじ1を入れ、ふっとうしたらパスタをゆでる。（麺のパッケージに書かれたゆで時間で仕上げてください）

❹ フライパンにオリーブオイルを熱し、にんにくを加える。

❺ 香りが立ったら、ベーコンを加え、こんがりカリッと焼く。

❻ ゆであがったパスタを❺のフライパンに入れ、まぜておいたソースを加え、弱火でさっとまぜ合わせる。
★まざったらすぐに火を止める。

❼ お皿に盛り、温玉をのせ、粉チーズとブラックペッパーをパラパラふりかける。
★温玉は、ふっとうしたお湯の火を止め、その中にたまごを入れ、ふたをして15分ほどつけるとできあがり。（先につくっておくことをおすすめします）

ピザトースト

あつあつチーズがとろり！
手軽につくれる人気の
ピザトーストは、
朝ごはんやおやつ代わりにも。

材料（1枚分）

- 食パン————————1枚
- たまねぎ————————⅛個
- ピーマン————————¼個
- コーン————————大さじ1
- ベーコン（ハーフサイズ）——1枚
- とろけるチーズ————お好みの量
- ケチャップ————————大さじ1〜2

1 たまねぎは薄くスライス。ピーマンは
輪切り。ベーコンは1㎝幅に切る。

2 食パンにケチャップをぬり広げ、たま
ねぎ→ベーコン→ピーマン→コーン→
チーズの順にのせる。
★なるべく平らになるようにのせよう。

3 トースターでこんがり5〜7分焼く。
（機種に合わせてください）

あとがき

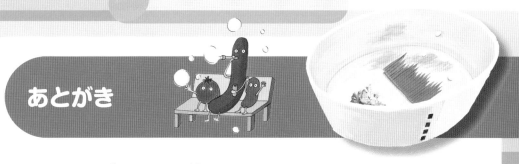

みなさま、「めし画レシピ」はお楽しみいただけましたか？

好きなおかず、つくってみたいおかずは見つかりましたか？

「おべんとうづくり」と聞くと、一見難しそうに思うかもしれませんが、実はとても楽しい世界なのです。

おべんとうはたくさんの食材を使ってつくります。

おかずそれぞれの「色」「形」「香り」「食感」そして「美味しさ」をギュギュッとつめこんでできあがる『おかずの宝石箱』がおべんとうなのです。

家族や友達、大切な人に「美味しく食べてもらえますように」「喜んでもらえますように」「笑顔になってくれたらいいな」という気持ちもギュギュッとつめこまれていますので「プレゼント」でもあり、ある意味「ラブレター」でもありますね。

私は食べ物のイラストを描くことが多いのですが、「どんな色を使ったら美味しそうに見えるかな」「どう描いたら楽しんでもらえるかな」「お腹すくかな」「食べたくなるかな」など、見てくれる方の気持ちを想像しながら制作しています。おべんとうづくりもそれと似ており、食べてもらいたい相手のことを想像しながらつくるととても楽しくやさしい気持ちになりますよ。すると自然と味も美味しくなると思っています。

今回この本に登場したおかずたちは「美味しくつくってもらいたい」「美味しく食べてもらいたい」といつも思っているかわいい子たちばかりです。一緒に楽しくお料理しながら、あなただけのオリジナルべんとうをつくってみてね。

最後に私のYouTubeチャンネルでは今回登場したおかずたちの誕生動画やたくさんの食べ物イラストなどのメイキング動画を公開しています。

食べたいもの、描いてほしいもの、感想などございましたらYouTubeのコメント欄にどうぞ♥♥　いつでもお気軽に遊びに来てくださいね。待ってま〜す(*^_^*)

YouTube：@-ymdmeshiga　『山田のリアルな飯画』【写実絵師】

山田めしが

山田めしが （やまだ・めしが）

和歌山県在住　写実絵師×調理師

幼い頃から絵を描くことが好きで、小学校高学年のころ、「本物みたいに描く」ことに興味を持つ。

高校のときにポスターカラーと出会い、その後はアクリルガッシュに移行し、風景や似顔絵を中心に写実絵師として活動。

3年ほど前にポスターカラーの魅力に目覚め、「描いているところを見てもらいたい」と感じるようになる。

誰もが馴染みのある食卓に並ぶごはんやおかずのイラストを中心に、様々な写実絵のタイムラプス動画をYouTubeやその他SNSで公開中。

現在はお惣菜屋さん勤務の兼業絵師。

リアルやまだ食堂開業に向けて奮闘中。

STAFF

編　集	江口彩子（プロスペック）、挽地真紀子（小学館）
デザイン	三木和彦　林みよ子（株式会社アンパサンドワークス）
制　作	太田真由美（小学館）
販　売	竹中敏雄（小学館）
宣　伝	一坪泰博（小学館）、秋山優（小学館）

10歳からのカンタンおべんとうづくり
めし画レシピ

2024年2月13日　　初版第1刷発行

著　者	山田めしが
発行者	石川和男
発行所	株式会社小学館
	〒101－8001　東京都千代田区一ツ橋2-3-1
	編集　03-3230-5446
	販売　03-5281-3555
印刷所	共同印刷株式会社
製本所	株式会社若林製本工場

造本には十分注意しておりますが、印刷、製本など製造上の不備がございましたら「制作局コールセンター」（フリーダイヤル0120-336-340）にご連絡ください。（電話受付は、土・日・祝休日を除く 9:30～17:30）

めしがのリアルな飯画動画

P60 しょうが焼き

P62 ピザトースト

他にもリアルな飯画動画がたくさん！

YouTube
山田のリアルな飯画【写実絵師】
https://youtube.com/@-ymdmeshiga
を見てね